# English to German

# Animal Vocabulary Coloring Book

D1465668

# Chicken

# Das Huhn

## Hoon

# Butterfly

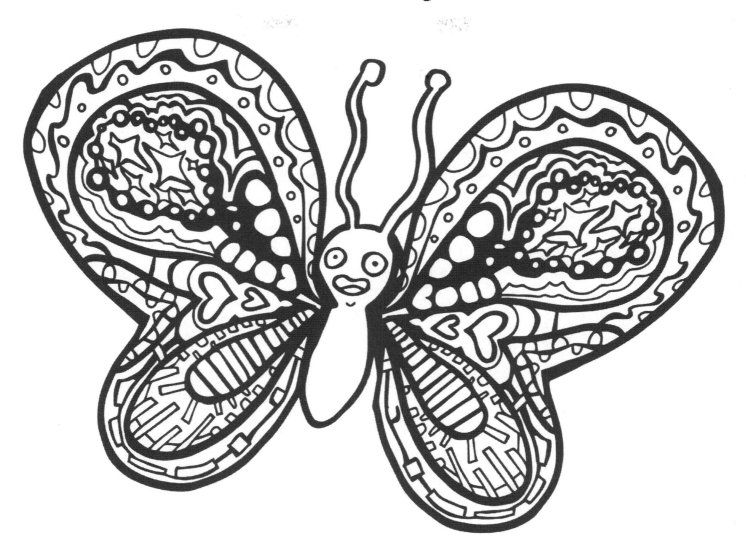

# Der Schmetterling

## Shmett-er-ling

# Bull

# Der Bulle

**Bull-eh**

Bear

# Der Bär

Bear

# Wolf

# Der Wolf

## W-olf

# Turtle

# Die Schildkröte

## Shill-d-kro-teh

# Turkey

# Der Truthahn

## True-t-hun

# Tortoise

# Die Schildkröte

## Shill-d-kro-teh

# Tiger

# Der Tiger

## Tee-ger

# Stork

# Der Storch

## Shtor-ch

# Squirrel

# Das Eichhörnchen

## Ai-ch-hurn-chen

# Sheep

# Das Schaf

## Sh-arf

# Shark

# Der Hai

## Hi

# Seagull

# Die Möwe

## Moe-weh

# Scorpion

# Der Skorpion

### Scorp-ion

# Rhino

# Das Nashorn

## Nas-horn

# Rat

## Die Ratte

**Rah-teh**

# Pigeon

# Die Taube

## Tau-beh

# Pig

# Das Schwein

## Sh-wine

# Penguin

# Der Pinguin

## Ping-uin

# Panda

# Der Panda

## Pun-dah

# Owl

# Die Eule

### Eul-eh

# Monkey

# Der Affe

## Uf-feh

# Ladybug

# Der Marienkäfer

## Marine-k-fur

# Kangaroo

# Das Känguru

## Kang-goo-rooh

# Jellyfish

# Die Qualle

## Quall-eh

# Horse

# Das Pferd

## Fair-d

# Hippo

# Das Nilpferd

## Nil-fair-d

# Gorilla

# Der Gorilla

## Gorilla

# Goat

# Die Ziege

## Zee-geh

# Giraffe

# Die Giraffe

## Geer-uf-eh

# Frog

# Der Frosch

Frosh

# Elephant

# Der Elefant

## Ele-fun-t

# Crocodile

# Das Krokodil

## Croco-deal

# Crab

# Die Krabbe

## Krab-beh

# Bat

# Die Fledermaus
## Fle-der-mouse

Made in the USA
Coppell, TX
27 November 2020